I0077103

Université de France.

ACADÉMIE DE STRASBOURG.

THÈSE

POUR LA LICENCE,

PRÉSENTÉE ET SOUTENUE PUBLIQUEMENT

A LA FACULTÉ DE DROIT DE STRASBOURG,

Le lundi 26 février 1838, à midi,

PAR

M. G. P. DE GOLBÉRY,

BACHELIER ÈS-LETTRES ET EN DROIT,

DE STRASBOURG (DÉPARTEMENT DU BAS-RHIN).

M. RAUTER, Doyen.

Examinateurs.
{
MM. Thieriet, Président,
Thieriet,
Aubry,
Schützenberger,
Rau, Professeur suppléant.
} Professeurs.

La Faculté n'entend approuver ni désapprouver les opinions particulières au candidat.

STRASBOURG,

IMPRIMERIE DE G. SILBERMANN, PLACE SAINT-THOMAS, 3.

1838.

A MON PÈRE ET A MA MÈRE.

G. P. DE GOLBÉRY.

DROIT CIVIL.

DE LA VENTE (1582-1601).

CHAPITRE PREMIER.

DE LA VENTE EN GÉNÉRAL.

§ 1ᵉʳ. *De la nature et de la forme de la vente.*

La vente est un contrat consensuel, synallagmatique, parfait et commutatif (art. 1583, 1102, 1104).

C'est un contrat par lequel l'une des parties s'oblige à transporter la propriété d'une chose à l'autre qui s'oblige à la payer. Cette définition diffère un peu de celle de l'art. 1582 qui est ainsi conçue : La vente est une convention par laquelle l'un s'oblige à livrer une chose et l'autre à la payer ; mais le terme de livrer qu'emploie le Code nous semble vicieux et en contradiction avec la nature de la vente et les principes posés par l'art. 1583. Ce terme, en effet, n'implique que la transmission de la possession, et le Code lui-même l'emploie ailleurs dans ce sens bien moins étendu. (Voyez la définition du prêt à usage art., 1875 du Code civil). Il était juste, sous une législation où l'obligation du vendeur se bornait à mettre l'acheteur en

1

possession, à lui faire avoir la chose de manière à prescrire; mais non dans notre droit, où contrairement au système des lois romaines et à l'ancien droit, le vendeur est obligé de transférer la propriété à l'acheteur.

Cette définition fait voir que trois choses sont essentielles à la formation du contrat de vente; le consentement des parties, une chose sur laquelle porte ce consentement, et un prix. C'est ce que l'on formule en ces trois mots latins, *res, pretium, consensus;* si l'une de ces conditions manque, il n'y a pas de vente. Quant au prix et à la chose, nous nous en occuperons plus bas; nous nous bornerons à dire ici quelques mots sur le consentement.

Indépendamment des principes généraux sur la validité du consentement, principes qui trouvent leur application dans tous les contrats, tels que ceux qui exigent que le consentement soit libre, non entaché d'erreur ou de dol, il est quelques règles qui s'appliquent spécialement au consentement dans le contrat de vente; ainsi il faut que le consentement intervienne, sur la chose qui fait l'objet du contrat, sur le contrat de vente même et sur le prix; si donc les parties n'étaient pas d'accord sur la chose ou sur la substance de la chose, ou si l'une croyait faire une vente, tandis que l'autre entend passer un bail, ou si enfin le vendeur demandait un prix plus élevé que l'acheteur ne le croit et ne le veut, il n'y aurait pas de vente; car on ne saurait dire qu'il y a *duorum in idem placitum consensus.* Cependant la vente serait valable, si le vendeur demandait moins que l'acheteur ne croit devoir donner; elle le serait alors pour le prix demandé par le vendeur; la vente serait nulle aussi, si si les parties déguisaient un autre contrat sous la forme de la vente.

Comme nous l'avons dit, le principe général est que la vente est parfaite dès que les parties sont d'accord sur la chose et sur le prix; cependant, si elles n'avaient pu encore tomber d'accord sur les conditions accessoires du contrat, il ne saurait être regardé comme parfait, bien qu'elles eussent définitivement fixé et la chose et le prix.

Il est de règle que le consentement du vendeur comme celui de l'acheteur doit toujours être libre; cette règle n'est pas sans exception.

Ainsi, on peut être forcé de vendre pour cause d'utilité publique.

Les art. 815 et 827 du Code civil, combinés, permettent au copropriétaire par indivis d'un héritage de forcer son comparsonnier à vendre par licitation l'immeuble qui ne peut être commodément partagé.

Si j'ai un fonds enclavé entre plusieurs autres fonds, je puis, conformément à l'art. 682 du Code civil, forcer l'un des propriétaires de ces fonds à me céder un droit de passage pour arriver à mon héritage enclavé.

La fin de l'art. 1582 parle de la forme de la vente; il dit que la vente peut être faite par acte authentique ou sous seing privé; mais il faut bien se garder de conclure de ces mots qui laissent aux parties le choix de l'acte lorsqu'elles veulent en faire un que la simple vente verbale ne soit pas valable; l'écriture n'est requise dans la vente que pour la preuve, et elle ne serait nécessaire pour la perfection du contrat que dans le cas où les parties auraient déclaré que, jusqu'à ce qu'il soit dressé acte authentique ou sous seing privé de leur contrat, il ne serait qu'un simple projet; la vente peut aussi se contracter par lettres missives.

Selon l'art. 1583 la vente est parfaite entre les parties et la propriété acquise de droit de l'acheteur à l'égard du vendeur, dès que l'on est convenu de la chose et du prix, quoique la chose ne soit pas encore livrée, ni le prix payé; mais la rédaction de cet article a fait naître une question dont la solution est importante à cause des graves conséquences qu'elle entraîne; on a dit : puisque la propriété est acquise à l'acheteur, à l'égard *du vendeur seulement*, lorsque les parties sont convenues de la chose et du prix, il s'ensuit donc que pour transférer la propriété à l'égard des tiers, ce consentement ne suffit pas; et l'on a prétendu que, pour opérer ce second effet, il fallait de plus, soit la tradition, soit la transcription qui, pour ainsi dire, en tient la place; mais de ces deux propositions, la première ne peut se soutenir en face des principes nouveaux posés par le Code, et quant à la nécessité de la transcription, l'art. 834 du Code de procédure civile, fait cesser tous les doutes à cet égard. Toutefois, une exception a été introduite au principe général, en matière de ventes de meubles; lorsqu'il s'agit de transactions sur des meubles, la propriété n'est transmise à l'égard des tiers que par la tradition (art. 1141, 2279, Code ivil); mais cette exception que le législateur a cru devoir formellement énoncer, doit être restreinte au cas qu'elle embrasse; la rédaction de l'art. 1583 est fautive, il est vrai; elle est un reste de la législation en vigueur lors de la rédaction du Code civil, la loi du 11 brumaire de l'an VII, sous l'empire de laquelle c'était non la date des contrats, mais celle des transcriptions qui réglait la préférence entre deux acquéreurs; mais les principes sont trop bien établis dans notre législation actuelle pour qu'on puisse prétendre les ébranler par l'objection tirée d'un vice de rédaction de l'un des articles du Code.

§ 2. *Des différentes espèces de ventes.*

La vente peut être faite purement et simplement, et alors, en général, elle est parfaite dès que les parties sont convenues de la chose et du prix; mais de même que tous les contrats, la vente peut être modifiée de bien des manières, soit par la volonté des parties, soit par les dispositions de la loi, et par suite de la nature même des choses qui font l'objet de la convention. Ainsi la vente peut être faite sous condition suspensive ou résolutoire, elle peut avoir pour objet deux ou plusieurs choses alternatives; elle peut aussi, car la disposition de l'art. 1184 n'est pas limitative, être faite avec clause pénale, avoir pour objet une chose divisible ou indivisible; en un mot, toutes les règles exposées au titre des contrats et obligations conventionnelles en général, peuvent être appliquées au contrat qui nous occupe en ce moment ; mais, outre ces modifications qui affectent tous les contrats, il en est d'autres qui sont particulières à la vente, et qui sont énumérées dans le chap. Ier du titre de la vente. Ce sont le mesurage, pesage et comptage, la dégustation et l'essai, que nous allons passer en revue.

1° Lorsque les marchandises ne sont pas vendues en bloc (1585), mais au poids, au compte ou à la mesure, la vente n'est pas parfaite en ce sens, que les choses vendues sont aux risques du vendeur, jusqu'à ce qu'elles soient pesées, comptées ou mesurées ; et en effet, dans cette sorte de vente, par suite de la nature même des objets vendus, tant que les choses n'ont pas été, selon leur espèce, pesées, mesurées ou comptées, elles sont encore indéterminées ; on ne sait pas précisément sur quoi pèse l'obligation ; et l'acheteur ne peut devenir propriétaire que lorsqu'elles ont été individualisées par le mesurage, comptage, etc., car jusque-là il règne trop d'incertitude sur l'objet de la convention pour que la propriété puisse être transférée. Ce n'est donc pas la stipulation que les choses seront pesées, mesurées ou comptées, qui fait que la propriété n'est pas transférée ; car le mesurage peut avoir lieu même dans une vente en bloc, mais c'est l'incertitude sur la chose précise qui fait l'objet de la convention. Mais la difficulté sera de savoir quand il y aura ou non vente en bloc, question bien importante, puisque de là dépend celle de savoir si les choses resteront aux risques du vendeur ou passeront aux risques de l'acheteur ; il me semble qu'en général lorsque la chose sera certaine et déterminée sans l'opération du mesurage, il y aura vente en bloc, mais qu'il y aura vente à la mesure lorsque la chose vendue ne pourra être déterminée et individualisée que par l'opération. Voici quelques exemples de ventes en bloc ou à la mesure :

Il y aura vente à la mesure si je vous vends 100 mesures de vin, à 20 fr. la mesure, à prendre dans ma cave.

Il y aura vente au compte, si je vous vends 20 têtes de bétail, à prendre dans mon troupeau.

Mais il y aura vente en bloc si je vous vends tout le vin de ma cave, à tant la mesure, ou tout mon troupeau, à tant la tête; il y a vente d'une chose certaine et déterminée.

Il y aura vente à la mesure ou au compte, si je vous vends tant de mesures de vin, tant de têtes de bétail pour un prix fixé en bloc;

Mais si je vous vends pour un seul prix toute une chose prise en masse, il y aura vente en bloc, quand même on ajouterait la mesure qu'elle est censée contenir.

Toutefois, bien que la vente ne soit pas parfaite, elle ne lie pas moins les parties et n'en produit pas moins deux obligations respectives dont elles ne peuvent se départir, car l'acheteur peut forcer le vendeur, en vertu du contrat, à faire peser, compter, mesurer et à lui livrer les marchandises, et le vendeur peut, d'un autre côté, forcer l'acheteur à les accepter après l'opération.

Pour être valable et produire son effet, le mesurage, le comptage ou le pesage doit être fait contradictoirement; mais si l'acheteur recevait chez lui les marchandises sans les avoir fait mesurer en sa présence, il serait censé avoir renoncé à ce droit ou plutôt il y aurait présomption que l'opération a été faite.

2° Lorsque la vente a pour objet des choses que l'on est dans l'usage de goûter avant de les acheter, il n'y a vente parfaite que lorsque les marchandises ont été non-seulement goûtées, mais encore agréées par l'acheteur; jusqu'à l'accomplissement de cette condition, la vente est suspendue, et conséquemment les choses restent aux risques du vendeur : c'est ainsi qu'il nous semble qu'on doit entendre ces mots, *il n'y a pas vente;* la vente est contractée sous la condition que les choses conviendront à l'acheteur, satisferont son goût; il s'engage à les prendre dans le cas où elles lui présenteront les qualités qu'il désire, comme dans la vente à l'essai; il s'engage à les prendre si l'essai le satisfait; en effet, quoique les termes différents dont se sert le Code dans les art. 1587 et 1588 puissent faire croire, au premier abord, qu'il met une différence entre ces deux ventes, la parfaite analogie des cas montre bientôt que les mêmes règles doivent leur être appliquées; *la vente à l'essai est présumée faite sous une condition suspensive,* dit M. Duvergier, *et la vente subordonnée à la dégustation n'est véritablement qu'une vente à l'essai.*

On a prétendu à tort que l'art. 1587 prohibait la vente avec condition que la marchandise sera bonne, loyale et marchande; on n'a pas réfléchi que l'article ne peut guère s'appliquer qu'au cas où le consommateur se présente lui-même pour goûter et acheter la marchandise; dans les ventes commerciales par exemple, où l'on n'achète que pour revendre, il est bien clair que ce n'est pas au goût particulier de l'acheteur qu'il faudra s'en rapporter, et qu'il suffira que les marchandises soient loyales et marchandes; si j'écris à un marchand de m'expédier 100 bouteilles de Bordeaux de première qualité, et qu'il me les envoie, dira-t-on que je pourrai rompre le marché, en prétextant que son vin ne me convient pas, si le vin que je reçois est réellement du vin tel que je le demandais? Non, sans doute, en pareil cas il suffira encore que le vin satisfasse le goût général, qu'il soit marchand, et ce ne sera pas l'acheteur, mais des experts qui en décideront.

Au reste, l'acheteur est libre de renoncer au bénéfice de la dégustation, soit expressément, soit tacitement en se faisant délivrer les marchandises sans les avoir goûtées.

Si l'acheteur n'agrée pas les marchandises, il n'y a pas de vente.

3° Lorsque la vente est faite à l'essai, la présomption est qu'elle est faite sous une condition suspensive; toutefois, cela n'empêche pas les parties de convenir que la condition d'essai sera résolutoire;

Dans cette vente, comme dans la précédente, les choses seront aux risques du vendeur jusqu'après l'essai, à moins que les contractants n'aient stipulé que la condition d'essai serait résolutoire, auquel cas la propriété étant transférée immédiatement à l'acheteur, les risques de la chose sont aussi à sa charge ; l'acheteur doit user de la chose livrée à l'essai en bon père de famille, et il répondrait de la perte arrivée par sa faute.

Voilà les diverses espèces de ventes dont le Code parle dans ce chapitre ; il en est encore beaucoup d'autres, mais ce serait sortir de notre sujet que d'en parler en détail ; telle est la vente avec faculté de réméré, par laquelle le vendeur se réserve le droit de racheter la chose vendue pendant un certain temps qui ne peut excéder cinq ans ; la vente des choses incorporelles qui est soumise à des lois particulières (voyez chap. VIII, tit. VI, liv. III, Code civil); la vente avec faculté d'élire command, qui consiste dans le droit qu'a l'acquéreur de désigner dans un délai fixe une personne inconnue du vendeur lors de la vente et tout à fait incertaine, et qui prendra le marché pour elle ; la vente sur expropriation forcée, dont les règles sont tracées au Code de procédure, etc., etc.

§ 3. *Des promesses de vente.*

Les promesses de vente sont unilatérales ou synallagmatiques.

La promesse de vente est unilatérale lorsqu'une personne s'engage envers une autre, à lui vendre une chose lorsqu'elle le requerra, et que celle-ci accepte sa promesse sans se lier, sans prendre l'engagement d'acheter. Ce contrat unilatéral lie le promettant, qui, s'il refuse de tenir sa promesse, pourra être contraint par justice à passer contrat ou à faire immédiatement, en vertu du jugement, délivrance de la chose.

La promesse est au contraire synallagmatique lorsque la promesse de vendre a été accompagnée de celle d'acheter : alors il n'y a plus un simple lien qui lie l'une des parties ; toutes les deux sont également obligées et peuvent être contraintes à exécuter leur engagement.

Ces promesses, les seules dont s'occupe l'art. 1589, valent vente, selon les expressions de cet article ; mais il est évident qu'elles ne valent vente qu'en ce sens seulement qu'elles sont obligatoires, que l'une des parties ne peut s'en départir sans le consentement de l'autre, que le vendeur peut être, *rectà vià,* condamné à livrer la chose à l'acquéreur et l'acquéreur à en payer le prix. La promesse de vente synallagmatique ne transfère pas la propriété immédiatement, ne met pas la chose aux risques de celui à qui est faite la promesse, car la translation du domaine ne dépend que d'un fait futur, auquel les parties se sont, il est vrai, obligées, mais qui n'en est pas moins nécessaire pour rendre la vente parfaite.

De ce que la propriété n'est pas transférée par une pareille convention, il suit que les parties peuvent, d'un consentement mutuel, se dégager, sans qu'il y ait rétrocession de la propriété. Mais cette règle, que le consentement des parties est nécessaire pour détruire l'effet de la convention, cesse d'être applicable dans un cas prévu par l'article 1590 : c'est celui où les parties se sont donné des arrhes ; alors chacun des contractants peut se départir de sa promesse ; celui qui a donné les arrhes, en les perdant ; celui qui les a reçues, en les rendant au double. Les arrhes ôtent donc à la convention son caractère obligatoire. Les arrhes ne devraient toutefois être ni perdues ni restituées au double, si la chose avait péri par cas fortuit, ou si les parties renonçaient à leur convention par mutuel dissentiment ; car elles ne sont qu'une espèce de clause pénale contre celui qui se départirait de sa promesse sans le consentement de l'autre.

§ 4. *Du prix.*

Trois conditions sont essentielles pour la validité du prix :
Il doit consister en argent ;
Il doit être sérieux ;
Il doit être certain.

1° Il doit consister en argent ; car autrement il n'y aurait plus vente , mais échange. Cependant il pourrait aussi consister pour partie en argent et pour partie en un objet certain ; il peut aussi être de certaines prestations, comme de loger, de nourrir.

2° Il doit être sérieux , c'est-à-dire , que le vendeur doit avoir réellement l'intention de l'exiger ; autrement il ne ferait pas une vente , mais une donation. Le prix ne serait pas sérieux non plus, s'il y avait une disproportion énorme et, pour ainsi dire, ridicule entre la valeur de la chose et la somme à laquelle il a été fixé, comme si je vous vendais pour un louis ou un écu un domaine valant 200,000 fr.

3° Il doit être certain ; mais il n'est pas nécessaire qu'il soit d'une somme d'argent numériquement déterminée par les parties ; il suffit qu'elles indiquent un moyen non équivoque de parvenir à la fixation du prix. Ainsi je vous vendrais valablement pour le prix que la chose a coûté à moi ou à mon auteur. Ainsi encore cette stipulation : je vous vends ma récolte au prix que les voisins vendront la leur, est permise. Mais le prix ne serait pas certain, si le contrat portait : au prix qui conviendra à l'acheteur ; en effet, il ne faut pas que le prix soit certain et déterminé pour une seule partie, il doit être déterminé et désigné par les parties, ce qui exige nécessairement le concours de leurs deux volontés pour le fixer.

Cependant le prix peut être laissé à l'arbitrage d'un tiers. Cette faculté est laissée par la loi aux parties, toutes les fois qu'elles ne veulent ou ne peuvent faire elles-mêmes l'estimation. Ce tiers doit être choisi par les contractants, et s'il ne veut ou ne peut faire l'estimation, il n'y pas de vente ; les derniers mots de l'article tranchent d'une manière péremptoire la question qui a été soulevée, savoir : si, au refus du tiers de faire l'estimation, il peut en être nommé un autre par justice ; l'arbitre doit être choisi par les parties, et on ne peut, en place de celui en qui elles ont mis leur confiance , leur en imposer un autre du choix des tribunaux.

Quel que soit le prix fixé par l'arbitre, la vente ne peut être attaquée sous prétexte de lésion.

Lorsque la détermination du prix a été confiée par les contractants à un tiers, la vente est faite sous une condition suspensive; sous la condition que le tiers fera l'estimation; il faut donc appliquer à ce cas, relativement à la perte ou à la détérioration de la chose, les règles posées par l'art. 1182; le prix doit être fixé d'après la valeur de la chose au moment du contrat.

§ 5. *Des frais.*

Les frais d'actes et autres accessoires sont à la charge de l'acheteur (1593); car c'est lui qui a intérêt à avoir un acte constatant le contrat passé en sa faveur; ainsi les frais d'enlèvement, les droits d'enregistrement, de papier timbré, les honoraires du notaire sont à sa charge. Cependant une exception a été faite à cette règle par l'art. 1602, qui met les frais de la délivrance à la charge du vendeur; les parties peuvent d'ailleurs, par leurs conventions, déroger à ces dispositions.

CHAPITRE II.

QUI PEUT ACHETER OU VENDRE.

Tous ceux auxquels la loi ne l'interdit pas, peuvent acheter et vendre (1594); le droit de vendre et d'acheter est donc le droit commun, et pour l'ôter à une personne, il faut une disposition spéciale de la loi. Nous allons passer en revue les principales incapacités.

Le mineur en tutelle est incapable de vendre et d'acheter, car il est incapable de contracter (1124).

Quant au mineur émancipé, il est nécessaire de faire quelques distinctions. L'art. 481 lui donne le droit de faire, seul et sans l'as-

2.

sistance de son curateur, les actes de pure administration ; il est donc certain qu'il pourra vendre les fruits de ses fonds, le lait de ses troupeaux, etc.; l'art. 484, § 2, lui donne aussi le droit de faire des achats qui, au reste, sont réductibles par les tribunaux en cas d'excès; mais il nous semble que ces achats doivent se restreindre aux objets mobiliers. Quant à la vente des immeubles, il est assimilé au mineur non émancipé, et l'art. 482, en lui défendant de recevoir et donner décharge d'un capital mobilier sans l'assistance de son curateur, lui défend implicitement de vendre son mobilier sans cette même assistance.

Toutefois, les ventes et achats faits par les mineurs en tutelle et céux faits par le mineur émancipé sans l'assistance de son curateur, ne seront attaquables que pour cause de lésion (art. 1305). Quant aux ventes d'immeubles pour lesquelles la loi a prescrit des formalités particulières, elles sont nulles si ces formalités n'ont pas été observées, mais elles ne sont pas rescindables pour cause de lésion.

En général, la femme mariée ne peut, ni aliéner, ni acquérir sans le concours de son mari à l'acte ou son consentement par écrit (art. 217); mais cette règle souffre quelques exceptions. Ainsi la femme séparée de biens, soit par contrat de mariage, soit par jugement, peut aliéner son mobilier (art. 1449, arg. de l'art. 1538); même sous le régime de la communauté, elle peut valablement, sans l'antorisation de son mari, faire des achats de comestibles; mais, quel que soit le régime que les époux aient choisi pour leur association, jamais la femme ne peut aliéner ses immeubles sans l'autorisation de son mari ou à défaut de la justice.

Toutes ventes et tous achats faits par un interdit ou par celui qui a un conseil judiciaire sans l'assistance de ce conseil, sont nuls (art. 502, 513).

Au reste, dans tous ces cas la nullité est relative, et ne peut être invoquée par la personne capable qui a contracté avec l'incapable (art. 1125, Code civil).

Il est encore d'autres personnes dont la liberté et la capacité relativement au droit de vendre et d'acheter, sont plus ou moins restreintes; ainsi par exemple :

1° Le failli ne peut ni vendre, ni acheter; car il est dessaisi de plein droit, à compter du jour de la faillite, de l'administration de tous ses biens (art. 442, Code de commerce).

2° Le mort civilement peut acheter et vendre, car outre que cette faculté ne lui est enlevée par aucune loi, elle appartient au Droit naturel, et non au Droit civil.

3° Le saisi ne peut, à compter du jour de la dénonciation qui lui est faite de la saisie, aliéner les immeubles saisis, à peine de nullité et sans qu'il soit besoin de la faire prononcer (art. 692, Code de procédure); mais si l'acquéreur consignait, avant l'adjudication, une somme suffisante pour acquitter les créances inscrites en principal, intérêts et frais, et faisait signifier aux créanciers inscrits, l'acte de consignation, la vente serait exécutée, car cette nullité n'a été prononcée que dans l'intérêt des créanciers (art. 693, Code de procédure).

4° Tout traité entre le tuteur et le mineur, devenu majeur, sera nul, s'il n'a été précédé de la reddition du compte de tutelle (art. 472, Code civil); sous le nom de traité se trouve aussi compris tout traité de vente entre le tuteur et son ancien pupille.

5° L'art. 176 du Code pénal défend à tous commandants des divisions militaires, des départements ou des places et villes, à tous préfets et sous-préfets, de faire, dans l'étendue des lieux où ils ont droit d'exercer leur autorité, le commerce des grains, grenailles, substances farineuses, vins et boissons, autres que ceux provenant de leurs propriétés.

Passons maintenant aux défenses contenues explicitement dans ce chapitre.

L'art. 1595 prohibe le contrat de vente entre époux, excepté dans trois cas qu'il énumère : on comprend que si les époux avaient eu une entière liberté de vendre, il leur eût été facile, par des ventes simulées ou à bas prix, d'éluder les dispositions de la loi qui leur défendent de s'avantager au delà de certaines limites, et de rendre irrévocables des dons que par de sages motifs la loi a voulu que les époux pussent toujours révoquer à leur gré; autrefois tous contrats étaient défendus entre les conjoints; mais le Code civil, moins sévère, a restreint à la vente cette incapacité et non sans admettre des exceptions.

La première de ces exceptions comprend le cas où l'un des époux cède des biens à l'autre séparé judiciairement d'avec lui, en payement de ses droits.

Le second cas est celui où la cession que le mari fait à sa femme a une cause légitime, telle, est-il-dit dans l'article, que le remploi de ses immeubles aliénés ou de deniers à elle appartenant, si ces immeubles au denier ne tombent pas en communauté.

Ce paragraphe qui est limitatif en ce sens que la capacité donnée ici au mari, ne peut s'étendre à la femme, ne l'est pas sous un autre point de vue. En effet, il ne dispose que par forme d'exemple, et la manière dont il est rédigé fait clairement entendre qu'il suffit que la cession faite par le mari à sa femme ait une cause légitime pour qu'elle soit valable, mais c'est aux juges à examiner scrupuleusement si cette cause existe réellement et à ne pas se laisser tromper par de fausses apparences.

Le troisième cas, enfin, est celui où la femme cède des biens à son mari en payement d'une somme qu'elle lui aurait promise en dot; mais il faut, pour qu'une pareille vente soit permise, que les époux ne soient pas mariés sous le régime de la communauté; et, en effet, le mari, sous ce régime, étant propriétaire de la communauté, on voit que si la femme remplaçait une somme d'argent par un bien qui n'entre pas de droit en communauté, la vente ne serait plus qu'un avantage indirect.

Tels sont les trois cas prévus par notre article, et hors desquels

le Code, présumant aisément la fraude en ces matières, défend formellement les ventes entre époux. Mais on a demandé quel serait le
sort de ventes faites hors de ces cas privilégiés ; sont-elles nulles, ou
bien vaudront-elles comme donations déguisées? Il semble qu'on ne
peut donner, d'une manière absolue, la solution d'une telle question ; cela dépendra des faits de la cause. Si les époux ont voulu se
faire une donation déguisée, la vente devra être maintenue comme
donation, et l'avantage sera seulement réductible à la portion dont
il est permis à l'un des époux de disposer en faveur de l'autre ; mais
s'il résulte de l'acte et des circonstances que les conjoints avaient
réellement la volonté de faire une vente, ou peut-être même l'intention frauduleuse de soustraire, par une aliénation fictive, leurs biens
à la poursuite de leurs créanciers, nul doute que l'on ne doive an-
nuler un acte qui, d'un côté, ne peut être maintenu comme donation, puisque les parties n'avaient pas la volonté de donner, et qui,
d'un autre, ne peut valoir comme vente, puisque, sous ce point de
vue encore, la loi le déclare nul. On voit aussi que les cessions dont
il s'agit dans l'article sont bien plutôt des dations en payement
que de véritables ventes.

Même dans les cas où la vente est licite, la loi réserve aux héritiers des contractants tous leurs droits, c'est-à-dire, que, s'il y a
avantage indirect, les héritiers à réserve pourront demander la ré-
duction des libéralités, jusqu'à la quotité disponible.

L'art. 1596 énonce d'autres incapacités dont le motif est facile à
saisir : l'on n'a pas voulu mettre l'intérêt des personnes qui y sont
énumérées aux prises avec leur devoir ; et si l'on eût permis aux tuteurs, administrateurs, etc., de se rendre acquéreurs des biens dont
la vente leur est confiée, il eût été à craindre qu'au lieu de faire mon-
ter ces biens au plus haut prix possible, comme le leur commandent
et leurs fonctions et les intérêts des propriétaires, ils ne cherchas-
sent à faire pour eux-mêmes des marchés avantageux. Les tuteurs
ne peuvent donc se rendre adjudicataires des biens des mineurs dont

ils ont la tutelle. Cette incapacité doit s'étendre au mari cotuteur des enfants de sa femme et au tuteur de l'interdit, comme aussi au curateur, au subrogé-tuteur et au conseil judiciaire. Il est vrai que la loi se tait relativement à ces trois administrateurs ; mais l'analogie de leurs positions et de leurs devoirs avec ceux du tuteur, et les graves inconvénients qui résulteraient d'un usage contraire, doivent leur faire appliquer les mêmes dispositions prohibitives. Les art. 452 et 459 exigent la présence du subrogé tuteur dans les ventes de meubles et d'immeubles des mineurs ; mais quelle garantie offrirait sa surveillance, si ses intérêts étaient opposés à ceux du pupille qu'il doit protéger? Dans les ventes immobilières, le curateur remplit auprès de l'émancipé les fonctions du tuteur (arg. art. 484 C. civil). Le conseil judiciaire doit *assister* celui à qui il a été donné dans les mêmes circonstances ; il y a donc dans ces cas incompatibilité absolue entre le rôle d'acquéreur et celui que doivent remplir ces administrateurs ; quand il s'agit de ventes sur expropriation forcée, il faut décider différemment ; car en ce cas leur surveillance et leur assistance n'étant pas exigées, il n'y a plus à redouter ce conflit de leurs intérêts et de leurs devoirs.

Le même motif qui a dicté ces probibitions a fait aussi comprendre dans l'article les mandataires qui ne peuvent acquérir les biens qu'ils sont chargés de vendre, les administrateurs qui ne peuvent se rendre adjudicataires des biens des communes ou des établissements publics confiés à leurs soins ; et enfin les officiers publics qui sont frappés de la même incapacité relativement aux biens nationaux dont la vente se fait par leur ministère.

Au reste, ce n'est pas seulement lorsque la vente est faite directement à ces personnes incapables qu'elle est déclarée nulle ; elles ne peuvent se rendre adjudicataires, ni par elles-mêmes, ni par personnes interposées, dit la loi ; mais le Code ne prenant pas soin d'indiquer en même temps quelles seront les personnes présumées de droit interposées, peut-on, dans son silence, appliquer à ce cas l'art. 911 du Code civil, qui parle des personnes réputées interposées dans les donations? Je ne le crois pas; l'art. 911 ne statue que pour les donations, et l'on ne peut.pas appliquer à une matière de droit des lois qui disposent pour une matière tout à fait différente; les tribunaux ont donc ici un pouvoir discrétionnaire, et devront se guider d'après les circonstances.

La nullité ne pourra être demandée que par les intéressés, les mineurs, les mandataires, les communes, l'état; car c'est uniquement dans leur intérêt et pour les protéger que l'article a été fait (arg. 225, 1125, Code civil).

Enfin, l'art. 1597 comprend une dernière classe d'incapables. Ce sont les juges, leurs suppléants, les magistrats remplissant les fonctions du ministère public, les greffiers, huissiers, avoués, défenseurs officieux et notaires. Ces personnes, y est-il dit, ne peuvent se rendre cessionnaires des procès,.droits et actions litigieux qui sont de la compétence du tribunal dans le ressort duquel elles exercent leurs fonctions, à peine de nullité, dépens et dommages et intérêts.

Cette disposition pleine de sagese a sa source dans les anciennes ordonnances et dans le Droit romain; la loi devait veiller avec sollicitude à ce que, par suite de traités honteux, les plaideurs ne fussent pas exposés à se trouver en face d'adversaires redoutables par la nature de leur pouvoir ou leur expérience dans les affaires. Quelle garantie eût offert le magistrat qui eût pu être en même temps juge et partie dans sa propre cause? «Le juge, a très-bien dit M. Portalis, «est établi pour juger les contestations des parties, et non pour en «trafiquer.»

Quant aux autres officiers énumérés dans l'article, la nature de leurs fonctions leur interdisait également des traités que le législateur n'a jamais vu d'un œil favorable, même entre particuliers.

La prohibition énoncée contre les défenseurs officieux doit s'appliquer aujourd'hui aux avocats qui les ont remplacés. Il est évident aussi que la disposition de l'article doit s'étendre aux magistrats près les cours royales et aux juges de paix ; il y a même raison de décider ; d'ailleurs le mot de juge est souvent employé dans un sens générique, et comprend les officiers chargés de rendre la justice dans tous les degrés de la hiérarchie judiciaire.

Mais la question la plus importante que soulève l'art. 1598, c'est de savoir quelle étendue la loi a entendu donner aux mots *droits litigieux* ; dans une autre occasion (art. 1700), le Code employant ces expressions, dit que la chose est censée litigieuse, dès qu'il y a contestation et procès sur le fond du droit ; mais une pareille interprétation, appliquée à la matière qui nous occupe, serait certainement fautive ; le législateur a donné un sens plus large aux expressions *droits et actions litigieux,* et n'a pas seulement voulu parler des droits sur lesquels il y a déjà procès entamé, mais encore de ceux qui sont sujets à litige. *Ceux qui sont ou peuvent être portés devant le tribunal,* a dit M. Portalis, et telle est aussi l'opinion générale des auteurs.

La nullité prononcée par notre article étant fondée sur des motifs d'ordre public, peut non-seulement être demandée par celui contre qui le droit litigieux a été cédé, mais encore elle peut être opposée par le cédant au cessionnaire, et par le cessionnaire au cédant ; elle peut être requise d'office par le ministère public.

Pour terminer ce chapitre, nous ajouterons à toutes ces incapacités celles que prononce l'art. 713 du Code de procédure civile, qui défend aux avoués de se porter adjudicataires pour les juges, les juges suppléants, les procureurs généraux, avocats généraux, procureurs du roi, substituts des procureurs généraux et du roi, et greffiers du tribunal où se poursuit la vente, à peine de nullité de l'adjudication et de tous dommages et intérêts. Ce même article défend aussi aux avoués de prendre l'adjudication au nom du saisi et de personnes notoirement insolvables ; une pareille adjudication serait, en effet, dérisoire, et ne pourrait offrir de garantie.

CHAPITRE III.

DES CHOSES QUI PEUVENT ÊTRE VENDUES.

Tout ce qui est dans le commerce peut être vendu lorsque des lois particulières n'en ont pas prohibé l'aliénation (art. 1598).

Le droit de vendre est un droit si naturel, si important dans une société, qu'il faut une défense expresse du législateur pour empêcher la vente des choses que leur nature ou leur destination ne place pas hors du commerce.

1° On peut regarder comme hors du commerce, par leur nature, les charges et fonctions publiques; mais la loi du 28 avril 1816 a apporté une exception à ce principe, en permettant à certains officiers ministériels, tels que greffiers, notaires, avoués, huissiers, etc., de vendre leurs offices à des tiers, mais qu'ils doivent présenter pour leur succéder à l'agrément du roi; comme le refus ou l'acceptation du souverain sont incertains, on voit que c'est plutôt encore le droit d'être présenté comme successeur que l'office même qui est vendu.

2° Les églises, les édifices publics, les routes sont également hors du commerce par leur destination; mais ils y rentrent dès que l'usage auquel ils servaient, et qui seul les rendait inaliénables, a cessé.

3° Les lois défendent la vente des immeubles dotaux, excepté dans les cas prévus par les art. 1555, 1556, 1557, 1558; l'art. 1559 permet d'échanger l'immeuble dotal dans le cas qu'il prévoit.

4° Des lois de police ont prohibé la vente illimitée des poisons; non pas qu'elle soit absolument défendue; mais ce commerce dangereux a été entouré de précautions et d'entraves salutaires (Loi du 21 germinal an XI).

5° Des mesures de police défendent aussi la vente des armes cachées, telles que stylets, épées en bâtons, etc. (art. 314, Cod. pénal. Déclaration du 23 mars 1728, décret du 12 mars 1806).

6° Il est également défendu de vendre des comestibles reconnus gâtés ou nuisibles (Code de brumaire an IV), des boissons falsifiées, contenant des mixtions nuisibles à la santé (Cod. pén., art. 318).

7° Il est d'autres choses, telles que les tabacs et les poudres, dont le gouvernement se réserve la fabrication et la vente, etc.

On peut vendre les choses futures, c'est-à-dire qui n'existent pas encore ; comme les fruits à naître d'un fond ; les produits non encore fabriqués d'une manufacture : on peut même vendre une espérance, comme un coup de filet; mais la vente des blés en vert est prohibée par nos lois ; la loi défend surtout de vendre la succession d'une personne vivante, même de son consentement (art. 1600) ; une pareille vente a quelque chose d'immoral et de contraire aux bonnes mœurs, et les conventions particulières ne peuvent déroger aux lois d'ordre public ; les rédacteurs du Code ont été tellement frappés de l'immoralité attachée à de pareilles spéculations, qu'ils ont répété en trois endroits la défense de faire aucune stipulation relative aux droits éventuels qu'on peut avoir dans une succession (art. 791, 1130, 1600).

Il n'est pas même nécessaire pour qu'il y ait vente d'une succession future qu'on ait stipulé sur l'universalité ou sur une partie aliquote des biens qui doivent la composer ; l'aliénation d'un objet, auquel on n'a droit qu'à titre d'héritier, formerait la vente illicite que la loi prohibe.

Toutefois, si le vendeur n'avait pas agi en sa qualité d'héritier, mais qu'à raison des circonstances ce fût une autre qualité qui l'eût déterminé à faire la vente, cette vente ne serait pas regardée comme vente de droits successifs, et pourrait être ratifiée par le consentement du propriétaire ; tel serait le cas où des enfants, créanciers de leur père, vendraient à l'amiable l'immeuble qui leur était engagé.

Il arrive quelquefois que l'on vend une créance soumise à la condition du prédécès du débiteur ; ce n'est pas là une vente de droits successifs ; ainsi une stipulation faite par une femme sur des gains de survie ne serait pas déclarée nulle, car elle aurait agi, non comme héritière, mais comme créancière sous la condition du prédécès de son mari.

L'action en nullité contre une vente de droits successifs ne se prescrit que par le laps de trente ans ; cette vente peut donner lieu à des dommages-intérêts en faveur de l'acheteur de bonne foi (art. 1382).

La vente de la chose d'autrui est nulle (art. 1599) ; dans le Droit romain, elle était déclarée valable ; mais cela venait de ce que le vendeur n'était pas tenu de rendre l'acheteur propriétaire, mais seulement de lui livrer la chose et de le garantir de tous troubles et évictions ; mais chez nous, la vente transportant la propriété, il s'ensuit que, pour vendre, il faut être propriétaire, d'après la maxime : *Nemo plus juris in alium transferre potest ac ipse habet.*

Bien que la vente de la chose d'autrui soit nulle, comme nous venons de le dire, elle permet à l'acquéreur de bonne foi de faire les fruits siens ; mais son droit de les percevoir cesse dès l'instant où il apprend que le vendeur n'était pas propriétaire (art. 549, 550) ; elle peut aussi servir de base à la prescription de dix et vingt ans, conformément à l'art. 2265 du Code civil.

La vente de la chose d'autrui n'est pas tellement nulle qu'elle ne puisse être validée par un fait postérieur ; si le vendeur devient propriétaire postérieurement au contrat, ce contrat sera validé de plein droit, dès l'instant où la propriété aura reposé sur sa tête ; il en sera de même si le véritable propriétaire hérite du vendeur ; la vente de la chose d'autrui peut aussi être ratifiée par le véritable propriétaire ; et le contrat est alors valable, dès l'instant où la ratification a eu lieu. En effet, ce n'est pas la volonté arbitraire du législateur qui a déclaré la nullité de la vente de la chose d'autrui ; cette nullité découle de la nature même des choses : aussi dès que l'obstacle qui s'opposait à la transmission de la propriété cesse, cette transmission s'opère de plein droit, et la vente est parfaite.

Le Code déclare nulle la vente de la chose d'autrui ; mais quelles sont les personnes qui peuvent faire valoir cette nullité ? Trois personnes y sont intéressées : le vendeur, l'acheteur et le propriétaire. C'est en faveur de l'acheteur que la disposition de la loi a été écrite, et il est bien évident que, tant que son droit ne sera pas prescrit, c'est-à-dire, pendant dix ans (art. 1304), il sera toujours recevable à faire déclarer la nullité de son contrat. Il n'en est pas de même du vendeur : obligé à garantir à l'acheteur la propriété et la possession paisible de la chose, ce n'est pas lui qui peut troubler cette possession; rien ne serait plus contraire aux obligations du vendeur, et d'ailleurs c'est contre lui, et non pas en sa faveur, que dispose l'article 1599. Quant au propriétaire, il a pour lui l'action en revendication; le contrat passé entre le vendeur et l'acheteur ne peut nuire à ses droits, et tant que celui-ci n'aura pas prescrit la propriété par dix, vingt ou trente ans, selon les circonstances, le véritable propriétaire pourra redemander, entre les mains de l'acquéreur, une chose qui n'a pas cessé d'être sienne.

Des dommages-intérêts sont accordés, par l'art. 1599, à l'acheteur, pourvu qu'il ait été de bonne foi; mais si le vendeur lui-même a été induit en erreur sur ses droits à la propriété de la chose vendue, sera-t-il passible de cette peine? Il semble que, s'il a eu de justes motifs de se croire propriétaire, que si son erreur a été invincible, il serait injuste de le condamner pour une faute qu'il n'a pu éviter; mais il faut que son erreur soit pleinement justifiable, car personne n'est censé facilement ignorer l'état de ses propres affaires.

Lorsqu'on vend un objet dont on ne jouit qu'à titre résoluble, la vente n'est pas nulle, car ce n'est pas là vendre la chose d'autrui; mais si le droit du vendeur vient à cesser, celui de l'acheteur sera résolu de plein droit, selon la maxime : *resoluto jure dantis, resolvitur jus concessum.*

On peut aussi, sans violer la loi, vendre la chose d'un tiers, en promettant la ratification de ce tiers (art. 1120, C. civ.)

De la vente des choses qui n'existent plus.

Si, au moment de la vente, la chose vendue était périe en totalité, la vente serait nulle (art. 1601), ou plutôt elle n'existerait pas, faute d'une de ses conditions essentielles ; d'où l'on doit conclure que l'action de l'acheteur, pour répéter le prix, ne doit pas se prescrire par dix ans ; ce n'est pas ici une action en nullité ou en rescision d'une convention ; la vente n'existant pas, l'acheteur peut répéter ce qu'il a payé sans cause, et son action, qui est ici une véritable *condictio indebiti,* ne se prescrit que par trente ans.

Si une partie seulement de la chose est périe, il est au choix de l'acquéreur d'abandonner la vente ou de demander la partie conservée, en faisant déterminer le prix par la ventilation ; c'est une dérogation au Droit romain, où la vente tenait, tant que plus de la moitié de la chose n'avait pas péri ; les expressions de notre article paraissent abandonner au seul caprice de l'acheteur le pouvoir de décider si la vente doit être valide, ou si elle doit être résolue ; mais il nous semble qu'en appliquant au cas présent les dispositions de l'art. 1636, les juges devront rechercher si réellement l'acheteur n'eût pas contracté dans le cas où la détérioration lui eût été connue, ou si ce motif allégué par lui n'est qu'un prétexte pour se dispenser d'exécuter le contrat ; toutefois, les juges ne devront user de ce pouvoir discrétionnaire qu'avec une grande réserve ; ce n'est que l'analogie des cas et l'équité qui peuvent faire appliquer ici les dispositions de l'art. 1636 ; mais si la perte est telle qu'elle n'a évidemment pu influer sur la détermination de l'acheteur, il ne devra lui être accordé qu'une diminution sur le prix, car, comme le dit le Code en un autre lieu, les conventions doivent être exécutées de bonne foi.

JUS ROMANUM.

DE EMPTIONE-VENDITIONE.

§ 1. *Natura et forma hujus contractus.*

Emptio venditio est contractus juris gentium, consensualis et bonæ fidei, quo alter (venditor) ad rem tradendam, alter autem (emtor) ad pretium solvendum obligatur.

Ex his patet, tria esse hujus contractus substantiæ; *consensum*, *rem* et *pretium*; sed de his jam separatim locuturi sumus.

1° Et consensum primum videamus. Emptio et venditio contrahitur simul ac de pretio convenerit; sed hæc tantum ad venditiones quæ sine scriptis perficiuntur dicenda sunt; nam quum emptio venditio scriptura confici debet, placuit Justiniano, tum demum perfectum esse contractum quum instrumenta emptionis fuerint perfecta, et a contrahentibus subscripta; itaque nondum scriptura perfecto contractu, locum esse pœnitentiæ (pr. J. de empt. vendit.). Sed quid juris si arrha data est? antiquo jure arrha argumentum videbatur emptionis et venditionis contractæ; sed constitutione Justiniani provisum est, ut, sive in scriptis, sive sine scriptis venditio celebrata fuerit, qui recusaret adimplere contractum, si quidem emptor esset quod dedit perderet, si vero venditor duplum restituere compelleretur, licet super arrhis nihil expressum fuerit. (pr. I. de empt. vendit. C., 17, Cod. de fid. instrum.) Cæterum manifestum est consensum liberum, nec dolo, aut vi, aut errore vitiatum esse opportere ut valeat emptio; consensum quoque personæ ementium et vendentium spectandum esse, non earum in quarum potestate sunt contrahentes.

2° Quod ad rem pertinet, non satis est ut certa sit ac de ea constet, sed talis esse debet ut venundari possit, itaque in natura rerum sit ac in commercio; sed de his quæ venire nequeunt, alio loco locuturi sumus. Venditor vero tantum hactenus tenetur ut rem emptori habere liceat, non etiam ut ejus faciat. (l. 30, § 1 de act. empt. et vend. 19, 1.) Tradere rem venditam ex contractu debet, et si rei dominus est ipse traditio facit et emptorem dominum; sed si non fuit dominus, tantum evictionis nomine tenetur. (l. 11, § 2. D. de act. empt.)

3° Pretium autem ab emptore dandum *verum* esse debet (id est nec simulatum, nec tam mininum ut non emptio sed donatio sit), *certum et a duobus contrahentibus constitutum, ac in pecunia consistens.* Quin autem pretium ad tertiæ personæ arbitrium conferri possit nulla est dubitatio; si pretium illa definit secundum æstimationem ejus res tradi et pretium persolvi debent, at si noluit vel non potuit, nulla est venditio (§ 1 I. de empt. vend.). Justum quoque pretium solvi necesse est, nam propter læsionem enormem, it est si nec dimidia pars veri pretii soluta sit, rescindi potest emptio venditio. (Cons. 2. Cod. de rescind vend.)

Non tantum pura sed conditionalis quoque emptio venditio esse potest, sive suspensiva, sive resolutiva sit conditio: quæ ex talibus venditionum modis nascuntur, generalibus obligationum regulis gubernantur.

Sæpius accidit ut varia pacta emptioni venditioni ut contractui bonæ fidei adjiciantur, in quibus præcipue animadvertuntur:

4

Pactum protimeseos, quò venditor sibi stipulatur, ut si emptor rem vendiderit, non alii sed venditori distrahat (L. 75. D. de cont. empt.).

Pactum addictionis in diem, quo emptor et venditor stipulantur ut res ei addicatur, qui intra certum tempus meliorem conditionem venditori obtulerit; quo pacto adjecto emptio conditionalis erit si hoc actum est, ut perficiatur emptio, nisi melior conditio offeratur, pura autem erit sub conditione resolvenda, si quidem hoc actum est, ut meliore allata conditione discedatur (L. 1 et 2. D. de add. in diem; l. 5. D. eod. Tit.)

Pactum commissorium, quo convenit ut pretio præfinito tempore non soluto res inempta sit; ex qua definitione apparet non conditionalem esse emptionem, sed sub conditione resolvi. (L. 1. D. de pact. com.)

Pactum de retrovendendo, quo emptor venditori rursus vendere debet si hic pretium vel quandocumque, vel intra certum tempus obtulerit (L. 2. C. de pact. inter empt.).

Et multa alia, quæ omnia ad implenda coguntur contrahentes actionibus empti ac venditi, non secus ac si ipsum contractum ad implere negarent.

§. 2. *De eis rebus quæ venundari, et de his qui emptionem venditionem contrahere nequunt.*

Omnia possunt venire quæ sunt in commercio, et quoque res futuræ, veluti partus, vel fructus nascituri, vel etiam alea, veluti captus piscium; res corporales ant incorporales; nec est juri contrarium rem alienam vendere, quia non dominium, sed tantum sine evictione possessionem venditor emptori præstare tenetur; sed aliæ sunt quæ venundari nequeunt; sic res sacræ, religiosæ, sanctæ, publicæ, veluti fanum, forum, basilica emi non possunt; liber homo pro servo emi non potest; tamen si ignorabat emptor eorum naturam actionem habere debet, non ut contractus adimpleatur, sed ut consequatur quod sua interest deceptum non esse (§ 5. I. de empt. vend.).

Hæreditatem futuram non vendi posse certum est (L. 1. D. de Hæred. vend. ; L. 7, D. de rescind. vend.) Sed spes tantum futuræ hæreditatis recte venditur; L. 11. D. de rescind. vend.)

Fundi dotalis venditio generaliter prohibetur, nisi æstimatæ sint res dotales venditionis causa (L. 10, § 4. D. de jur. dat.; L. 5, C. eod. t.), aut etiam necessaria, aut utilis sit alienatio (L. 26 et 85, D. de jur dat.)

Rerum in natura non existentium nulla est emptio; idem est de eis quæ ante contractus momentum perierunt, veluti exusta domus (L. 57. D. de cont. emp.) at si res non tota diruta est, tunc distinguere opportet quæ pars maneat. Si pars amplior diruta est tunc ad emptionem cogi emptor non potest, at si dimidia vel minor pars extincta est, ad contractum implendum coarctandus est emptor, ratione diminutionis habita.

Nemo rem suam emere potest, nisi sub conditione cum desierit esse sua (L. 61, D. de Contr. empt.).

Nunc de his videamus qui emere vendere non possunt, vel quibus emendi vendendi potestas non est absoluta.

Infantes, vel amentes, vel furiosos emptionem venditionem contrahere non posse absolute, certum est; nam nullus est in eis consensus. Intermissionis autem tempore furiosos majores viginti quinque annis venditiones posse facere non ambigitur (Const. 2, C. de Cont. empt.).

Quum ex infantia in tutela, vel ex pupillari ætate in curatela est minor, non potest, secundum juris civilis regulas obligari sine auctoritate tutoris vel consensu curatoris sed quum admittitur posse sine his minorem meliorem facere conditionem et ideo sibi alios obligare sequitur, ut si quis a pupillo, sine tutoris auctoritate emerit, ex uno latere constet contractus, nam qui emit obligatus est pupillo,

4.

pupillum sibi non obligat (L. 13, §. 29, D. de act. empt.), et eadem de minore cui non est consensus curatoris; idem est jus quum de eo agitur cui bonis interdictum est (L. 10, §. 1, D. de curat. furios; L. 6. D. de verbor oblig.).

Tutorem rem pupilli emere non posse dicendum est (L. 34, § 7, D. de cont. empt.) Idemque porrigit ea lex ad curatores, procuratores, et eos, qui negotia aliena gerunt.

Non potest ex officio quod administrat quis emere quid, vel per se, vel per aliam personam, et hoc ad procuratorem quoque Cesaris pertinet; sed hoc ita se habet, nisi specialiter quibusdam hoc consensum est. Et qui officii causa in provincia agit vel militat, praedia comparare in eadem provincia non potest, praeterquam si paterna ejus a fisco distrahantur. (LL. 46, 62, D. de Contr. empt.).

DROIT COMMERCIAL.

DE L'ACCEPTATION DE LA LETTRE DE CHANGE PAR INTERVENTION.

---

§ 1. *De la nature et de la forme de l'acceptation par intervention.*

Le tiré ne peut être contraint d'accepter une lettre de change tirée sur lui; car avant son acceptation elle est pour lui, *res inter alios acta,* elle ne l'oblige point; alors il arrive souvent que, sur son refus, un tiers, pour faire honneur au tireur, ou même dans l'intérêt de quelque autre des garants, et pour leur éviter des poursuites, accepte à la place du tiré direct, et contracte par là l'obligation de payer la lettre de change. C'est là l'acceptation par intervention, qu'on appelle encore *tierce* ou *pour faire honneur,* et que l'on peut définir, *celle qui est donnée par un tiers dans l'intérêt de quelqu'un des garants de l'obligation principale, à défaut du tiré qui refuse de donner la sienne.* On voit qu'il résulte de cette acceptation un quasi-contrat *negotiorum gestorum* entre l'intervenant et le garant, dans l'intérêt duquel il intervient; nous reviendrons plus loin sur cet effet de l'acceptation par intervention.

On peut non-seulement intervenir pour le tireur seul ou un endosseur seul, mais encore pour le tireur et un endosseur, ou bien pour le tireur et plusieurs endosseurs, ou pour plusieurs endosseurs ; la présence d'un donneur d'aval dans le contrat peut encore multiplier ces combinaisons.

Le mot de tiers intervenant, employé par la loi, indique suffisamment qu'il n'y a qu'une personne étrangère au contrat qui puisse donner cette acceptation, et cela doit être, puisque le tireur et les endosseurs étant déjà engagés, un second engagement ne saurait offrir de nouvelles garanties.

Mais le tiré pourrait, après avoir refusé son acceptation directe, qui seule le fait entrer dans le contrat, laisser faire le protêt et accepter par intervention pour l'un des endosseurs ; il faut en dire autant des tirés au besoin qui sont dans le même position ; le tiré peut aussi refuser l'acceptation pour le donneur d'ordre s'il n'a pas confiance en lui, et accepter par honneur pour le tireur par ordre, et, dans ce cas, il n'est pas besoin de constater son refus par protêt ; il sera suffisamment constaté sur la lettre même ; mais, en règle générale, l'acceptation par intervention ne peut avoir lieu avant le protêt de non-acceptation, et cette règle est fondée sur le motif que, tant que le refus du tiré n'est pas constaté d'une manière certaine, il ne saurait être permis à un tiers de s'offrir pour remplir une obligation qui ne le regarde point.

La formule de l'acceptation est : *accepté par honneur ;* elle doit s'écrire sur la lettre même et être signée par le tiers intervenant (art. 126). La mention de l'acceptation par honneur dans le protêt ne saurait suffire pour engager le tiers ; une personne qui ne saurait signer serait obligée pour intervenir, de donner à un tiers procuration authentique de signer pour elle, et la procuration devrait, dans ce cas, toujours rester annexée à la lettre de change.

L'intervenant doit notifier son acceptation à celui pour qui il est intervenu (art. 127) ; la loi ne fixe pas le délai dans lequel il doit remplir ce devoir ; mais ses expressions prouvent qu'il doit être le plus court possible ; au reste, dans le silence de la loi, il n'est pas nécessaire que cette notification soit faite par le ministère d'un huissier, elle pourrait, par exemple, être faite valablement par voie de correspondance.

L'art. 126 veut que l'acceptation soit mentionnée au protêt, mais cela n'est pas exigé à peine de nullité, et le plus souvent même l'intervention n'aura lieu qu'après le protêt.

§ 2. *Effets de l'acceptation par intervention.*

Quand sur un protêt de non-acceptation la lettre a été acceptée par un tiers, ce tiers se soumet à l'obligation de payer la lettre de change à son échéance, et il y est tenu solidairement et par corps, comme le serait l'accepteur direct. Néanmoins, le porteur n'est pas obligé de se contenter de la tierce-acceptation, car c'est celle du tiré qui lui a été promise et non celle d'un autre : aussi l'art. 128 lui permet-il de poursuivre contre le tireur et les endosseurs, malgré l'intervention, tous les droits que lui donne le protêt de non-acceptation (voy. art. 120, C. com.) ; ainsi, bien que le tiers n'ait offert son intervention que pour éviter des poursuites à celui qu'il garantit, son but ne sera pas toujours rempli, car ce n'est que dans le cas où le tiers offrirait par sa solvabilité et sa réputation assez de confiance au porteur, que celui-ci s'abstiendra d'exercer les droits que la loi lui réserve (art. 128). Cependant, si le tiré avait, conformément à ce que nous avons dit, accepté par intervention, le porteur ayant obtenu ce qui lui avait été promis, c'est-à-dire l'acceptation du tiré, ne pourrait pas invoquer l'art. 128, et devrait se tenir satisfait. Quant au garant, dont on a honoré la signature, il reste donc toujours obligé envers le porteur, et l'intervenant peut exercer contre lui, comme maître, en vertu du quasi-contrat *negotiorum gestorum,* les droits que l'art. 1375, C. civ. donne au garant. Si le tiers paye à la décharge de celui dont il a honoré la signature, il aura recours contre lui et les garants antérieurs.

DROIT CRIMINEL.

DES CONDAMNATIONS CIVILES EN MATIÈRE CRIMINELLE.

---

§ Ier. *De l'objet des condamnations civiles en matière criminelle.*

C'est à la société qu'appartient le droit de punir et de réprimer les délits commis dans son sein : aussi a-t-elle seule le droit de poursuivre, contre le coupable, l'action pour l'application de la peine qu'il a encourue; elle le fait par l'organe du magistrat remplissant les fonctions du ministère public; mais en général, un délit n'est pas commis sans léser, en même temps que la société tout entière, quelque intérêt particulier, sans causer quelque dommage à l'un des membres du corps social; il ne suffisait donc pas d'une punition qui satisfît la société, il fallait veiller encore au rétablissement des intérêts froissés par le délit, et c'est ce qu'on a fait en accordant, contre le coupable, à toute personne lésée par sa faute, l'action civile en réparation du dommage que cette faute lui a occasionné. Ce n'est pas, au reste, une disposition particulière du Droit criminel, mais l'application d'un droit fondé sur l'équité naturelle et sur la loi civile, qui veulent, toutes deux, qu'on répare le tort qu'on a causé (art. 1382, 1383, Code civil).

L'objet des condamnations civiles (la réparation du dommage occasionné à autrui par la faute du coupable), est un objet complexe;
en effet, il comprend non-seulement la réparation du dommage réel
souffert, mais bien plus encore celle de l'injure, du tort moral causé
par le fait même du délit: cette dernière réparation est toujours due ;
mais on comprend qu'elle doit se résoudre ordinairement en une
indemnité pécuniaire, et ce n'est que dans le cas d'injure, et seulement à l'égard de certaines personnes que la loi a fait exception à
ce principe, en ordonnant la réparation d'honneur, soit à l'audience,
soit par écrit (art. 226, 227, Code pénal). Quant au dommage
pécuniaire, à la perte réelle occasionnée par le délit, elle est ou
positive, ou négative, *damnum emergens, lucrum cessans*; le premier de ces termes exprimant la perte faite, et le second le gain dont
on a été privé; si le délit a été un vol et que la chose existe entre
les mains du coupable, la restitution en doit être ordonnée (art. 10,
51, Code pénal); sinon il y a lieu à des dommages-intérêts. Les condamnations civiles comprennent encore les frais et dépens.

§ 2. *Par qui et contre qui peuvent être faites les poursuites aux fins
de condamnations civiles.*

Toute personne lésée par le délit a droit d'obtenir réparation
pour le tort qu'elle a souffert (art. 1, 63, Code d'instruction criminelle; art. 10, Code pénal), et comme cette réparation est l'exécution d'une obligation civile, il s'ensuit que le droit de la réclamer
passe aux héritiers de la partie civile, et qu'il ne s'éteint pas par la
mort du coupable comme l'action publique. Ce droit existe donc
contre les héritiers du débiteur (art. 2, Code d'instruction criminelle), qui doivent supporter les charges de leur auteur. Il existe
aussi contre les tiers que la loi a rendu responsables du dommage
causé par le délinquant, car si les tiers ne sont pas garants du délit,
ils peuvent l'être de l'obligation civile contractée par le coupable;

tels sont les pères, mères, maîtres et commettants, instituteurs et artisans que la loi rend responsables du dommage causé par leurs enfants mineurs, leurs domestiques, préposés, élèves et apprentis dans les circonstances prévues par l'art. 1384 du Code civil; tels sont encore les aubergistes dans les cas prévus par les art. 74 du Code pénal, et 1952 et 1953 du Code civil; si donc l'obligation était acquittée par ces personnes, la partie civile n'aurait plus rien à réclamer.

L'État n'a point de dommages-intérêts à réclamer pour la réparation du tort moral que lui a causé le délit, l'application de la peine le satisfaisant pleinement sous ce rapport; mais comme l'état a des biens, et qu'il peut avoir souffert dans ces biens, par suite du délit, une perte réelle et pécuniaire, il a droit, en pareil cas, aux mêmes indemnités et aux mêmes restitutions qu'une partie civile.

Toutefois l'État, n'étant jamais considéré comme partie civile, ne peut pas, comme celle-ci, être condamné à des dommages-intérêts envers le prévenu reconnu innocent, ni même aux dépens; seulement si le ministère public succombe dans la poursuite ou se rétracte, les frais qu'il a occasionnés sont à la charge du trésor public, pourvu qu'il n'y ait pas de partie civile en cause; car la partie civile est par sa seule qualité responsable envers le fisc de tous les frais de poursuites et de justice, et cela même en cas de condamnation du prévenu, sauf son recours contre le condamné. Cependant, dans les matières soumises au jury, la partie civile n'est tenue des frais que si elle succombe dans sa plainte (art. révisés du Code d'instruction criminelle et du Code pénal, art. 8); le prévenu qui succombe doit toujours être condamné aux frais, même envers la partie publique (art. 162, 176, 368, Code d'instruction criminelle).

Nous terminerons ce paragraphe, en observant que la loi a attaché la contrainte par corps et la solidarité au payement des obligations naissant des condamnations aux restitutions, aux dommages-intérêts et aux frais (art. 52, 469 du Code pénal.) Cette

disposition est générale et doit recevoir son application aux condamnations pour crime, pour délit et pour contravention; seulement, en matière de police, il faut remarquer que la solidarité n'a
lieu que pour le payement des réparations civiles, et que, dans le
silence de la loi, les frais ne sont dus que par portions viriles (art. 55
du Code pénal).

Enfin, l'art. 54 du Code pénal ordonne qu'en cas de concurrence
de l'amende avec les restitutions et les dommages-intérêts sur les
biens insuffisants du condamné, ces dernières condamnations ob-
tiendront la préférence.

§ 3. *Devant quels juges on peut se pourvoir aux fins de condamnations
civiles.*

Ce sont les tribunaux civils qui sont régulièrement compétents
pour connaître de l'action en dommages-intérêts, mais afin de donner à la partie lésée une voie plus prompte d'obtenir réparation, la
loi lui a permis de poursuivre son action en même temps et devant
les mêmes juges que l'action publique. Cela se fait ordinairement par
une plainte adressée au juge d'instruction ou au ministère public;
mais en police simple (art. 145, C. d'inst. crim.) et au correction-
nel (art. 182, C. d'inst. crim.) la partie civile peut agir par action
principale, et saisir directement le juge par la citation donnée au
prévenu. On peut aussi se porter partie civile jusqu'au jugement
sans avoir formé de plainte, et la plainte seule, sans déclaration
qu'on entend se porter partie civile, ne suffit pas pour donner la
qualité de partie civile; le plaignant peut aussi prendre cette qualité par acte subséquent (art. 63 et suiv., C. d'inst. crim.). Les juges
du grand criminel doivent toujours statuer sur les dommages-intérêts de la partie civile, même en cas d'acquittement de l'accusé;
mais au petit criminel on admet que le juge ne peut accorder de
dommages-intérêts à la partie civile qu'en prononçant une peine.

Comme les juges criminels sont incompétents pour connaître de l'exécution des condamnations civiles qu'ils ont prononcées, la partie qui les a obtenues doit porter devant les tribunaux civils les contestations qui s'élèveraient pour cette exécution.

Lorsque la partie civile poursuit son action séparément devant les tribunaux ordinaires, l'exercice de son action est suspendu, tant qu'il n'a pas été prononcé définitivement sur l'action publique intentée avant ou pendant la poursuite de l'action (art. 3, C. d'inst. crim.); mais elle ne perd pas le droit de poursuivre cette action devant les juges civils contre le prévenu acquitté ou condamné, parce qu'elle ne s'est pas jointe à la poursuite publique; seulement la présomption de fait que le jugement criminel peut établir pour l'existence ou la non-existence de l'obligation civile, influe sur le résultat de cette action.

§ 4. De la prescription.

Les condamnations civiles portées par les arrêts ou jugements rendus en matière criminelle, correctionnelle ou de police et devenus irrévocables, se prescrivent d'après les règles établies par le Code civil (642, Code d'inst. crim.). Cet article est la conséquence du principe, que les condamnations aux réparations et aux frais ne sont pas une partie de la peine, mais la reconnaissance d'une obligation civile due par le condamné.

FIN.

BIBLIOTHÈQUE ROYALE

www.ingramcontent.com/pod-product-compliance
Lightning Source LLC
Chambersburg PA
CBHW060512210326
41520CB00015B/4200